LETTRE

DE LA DUCHESSE

DE

LA VALLIERE

A LOUIS XIV,

PRÉCÉDÉ D'UN ABRÉGÉ DE SA VIE.

Par M. BLIN DE SAINMORE.

Quid delubra juvant ?   Quid vota furentem,
                               Virg. Énéid. Lib. 14.

A LIEGE,

Chez D. DE BOUBERS, Imprimeur-Libraire.

M. DCC. LXXV.

AVERTISSEMENT.

QUelques Personnes prétendent que le goût des Héroïdes est passé, comme si un genre susceptible du plus grand intérêt & propre à développer les situations les plus terribles & les plus pathétiques, les passions les plus fougueuses & les plus touchantes, pouvoit-être soumis aux caprices d'une mode passagere. Tout Ouvrage écrit avec pureté, avec élégance, & sur-tout avec chaleur, doit-être sûr, de quelqu'espece qu'il soit , de plaire aux gens de goût, & d'intéresser les ames sensibles. L'accueil que le Public a bien voulu faire à mes foibles essais dans ce genre , me confirme encore dans mon opinion. Mais qui peut mieux exciter la curiosité qu'une Épître à la tête de laquelle se trouve le nom de la Valliere , c'est-à-dire , le nom d'une des femmes les plus tendres qui ayent jamais existé? Si l'on en croit les Mémoires de Mademoiselle de Montpensier , cette Héroïne infortunée , avant de faire profession , adressa effectivement à

LOUIS *XIV* une Lettre qu'elle dicta au Comte de Laufun. Ici, l'on fuppofe qu'elle écrit elle-même à fon augufte Amant le lendemain qu'elle a quitté la Cour, & qu'elle eft entrée aux Carmelites. Jamais perfonnage ne fut plus intéreffant ni fituation plus déchirante. Qu'on fe figure la douleur de cette Amante paffionnée, qui tout-à-coup fe voit abandonnée de tout ce qui lui eft cher, & qui s'arrache à la pompe de la Cour la plus brillante pour aller s'enfevelir dans la retraite la plus rigoureufe ; qu'on fe repréfente cette trifte victime de

A 3

l'Amour proſternée au pied des Autels , pleurant avec amertume des erreurs involontaires , luttant ſans
ceſſe avec effort contre un penchant
qui la maîtriſe , & ſe dévouant aux
auſtérités les plus effrayantes , & l'on
conviendra que ce ſujet étoit un des
plus heureux qu'on pût rencontrer ;
peu du moins offrent davantage ces
combats du tour , ces agitations tu-
multueuſes d'une ame , tantôt entraî-
née par l'attrait d'une paſſion ſédui-
ſante , & tantôt effrayée par la voix
d'une religion qui nous arrache à nos
foibleſſes. Il falloit ſans doute une

main plus habile pour y répandre ces images sensibles & vraies, ces tours nombreux & flatteurs, cette mélancolie douce & touchante qui donne des charmes même à la tristesse. Quoiqu'il en soit, je mets le tableau sous les yeux du Public ; c'est à lui à juger de l'exécution.

Dans la vie abrégée que je joins à cette Lettre, j'ai rassemblé les principaux traits qui caractérisent à la fois, l'Héroïne que j'ai choisie, la Cour où elle a vécu & le Monarque qu'elle aima avec tant de constance & de désintéressement.

ABRÉGÉ

DE LA VIE

DE LA DUCHESSE

DE

LA VALLIERE.

 OUIS XIV a joué un rôle fi éblouiſſant dans l'Europe, qu'il imprime même encore aujourd'hui un caractere de grandeur ſur-tout ce qui a rapport à ſon regne. Tandis que ce Monarque réſiſtoit ſeul aux efforts

de tous les Souverains conjurés
contre lui , que par des victoires
accumulées il reculoit les limites
de son Empire, & que l'univers
retentissoit du bruit de ses conquêtes & de sa gloire , sa Cour
ornée de la plus brillante Jeu-
nesse , réunissoit tout ce que les
talens , les graces & la magnificence peuvent avoir de plus flatteur & de plus éclatant. Les plus
rares Beautés se disputoient le
cœur des Courtisans les mieux
faits & les plus galants. La nature ne parut s'être reposée si long-
temps , que pour faire du siecle
de Louis XIV l'époque la plus
glorieuse de la Monarchie Fran-
çoise. Ce Prince doué de la figure la plus imposante & de la taille
la plus avantageuse , ne fut point
insensible au milieu de tant de sé-

ductions. Marie de Mancini , *
niece du Cardinal de Mazarin ,
lui fit éprouver les premieres im-
pressions de l'amour. Il conçut
même le dessein de l'épouser : mais
le Cardinal qui prévoyoit beaucoup d'obstacles à cette union ,
n'osa jamais y consentir. Il maria
sa niece au Connetable Colonne.
De toutes les passions que ressentit
ce Monarque , la plus flatteuse
pour lui & la moins onéreuse à
l'État, fut celle que lui inspira
Mademoiselle de la Valliere , dont
le désintéressement sincere & la
tendresse excessive doivent lui faire jamais pardonner ses foiblesses.

Marie-Françoise le Blanc de la
Baume , Duchesse de la Valliere ,

---

* Ce fut elle qui en quittant le Roi pour aller
en Italie, lui dit : *Vous êtes Roi , vous m'aimiez,
vous pleurez, & je pars.*

étoit née le 6 Août 1644 , dans la Province de Touraine , où sa famille tenoit depuis long-temps un rang distingué. On ne sait pas précisément quel âge elle avoit lorsqu'elle vint à la Cour , ni de quelle maniere elle y fut introduite : on sait seulement qu'elle étoit Fille d'honneur de Madame , * & qu'elle avoit à-peu-près dix-huit ans , lorsqu'elle conçut pour Louis X I V une passion que ce Monarque eût toujours ignorée , si en plaisantant un jour , le Duc de Roquelaure ne l'en eût instruit. Depuis ce moment , le Roi remarqua la Valliere avec complaisance , chercha avec empressement les oc-

* Henriette-Anne Stuart , sœur de Charles II , Roi d'Angleterre , & premiere femme du Duc d'Orleans , frere unique du Roi , mourut à Saint-Cloud le 2 Juin 1670 , âgée de vingt-six ans.

casions de l'entretenir ; & pour la voir plus souvent , il rendit de fréquentes visites à Madame. Cette Princesse , depuis son mariage avec Monsieur , avoit introduit à la Cour de Louis XIV , une émulation d'esprit , une politesse & des graces dont on n'avoit point encore eu d'idée. Le Louvre devint le centre du goût , de la galanterie & de la décence. Toutes les autres Cours de l'Europe s'efforçoient de se modeler sur celle de France. Les jours n'étoient qu'un enchaînement de fêtes & de spectacles. On sait que dans ces sortes de plaisirs, jamais Prince ne porta plus loin la pompe & la magnificence. La Valliere fut deux ans l'objet caché de toutes ces fêtes. Un jeune Valet de Chambre du Roi nommé Belloc, dit, M. de Voltaire, compofoit plufieurs récits mêlés à des danfes, tantôt chez la Reine & tantôt chez Madame, & ces récits exprimoient, avec myftere, le fecret de leurs cœurs, qui ceffa bientôt d'être un fecret. En 1662, ajoute cet illuftre Écrivain, on fit un Caroufel vis-à-vis des Thuilleries, dans une vafte enceinte qui en a retenu le nom *de la Place du Caroufel*. Il y eut cinq quadrilles. Le Roi étoit à la tête des Romains; fon frere, des Perfans; le Prince de Condé, des Turcs; le Duc d'Enguien fon fils, des Indiens; & le Duc de Guife, * des Américains. Tous ces divertiffemens publics, étoient autant d'homma-

---

* Il étoit petit fils du Duc de Guife le balafré. Ses aventures romanefques firent dire à ceux qui les voyoient courir avec le Prince de Condé : *voilà les Héros de la Fable & de l'Hiftoire.*

ges rendus à la Valliere. Confondue dans la foule, elle goûtoit le plaiſir ſecret & flatteur de ſe voir adorée d'un des plus puiſſants Monarques de l'Europe. Louis XIV, à travers tous les regards attachés ſur lui, ne diſtinguoit que ceux de ſa Maîtreſſe. Le peu de vraiſemblance, qu'un Souverain de vingt-trois ans, entouré des plus belles femmes de ſon Royaume, ſe fût décidé en faveur de Mademoiſelle de la Valliere, fit croire aux Courtiſans que Madame étoit l'objet de toutes ſes galanteries. *
Cette Princeſſe, ambitieuſe & co-

---

* Toute la Famille Royal fut allarmée de l'intelligence ſecrette qu'on crut remarquer entre Louis XIV & ſa belle-Sœur. Le Roi ne fit que conſerver pour elle un fond d'eſtime & d'amitié que rien ne put altérer. On ſait que c'eſt à cette Princeſſe qu'on doit la Bérénice de l'illuſtre Racine.

quette, le crut même quelque-
temps : mais on s'apperçut bientôt
qu'elle ne fervoit que de prétexte.
Flattée des fentimens qu'elle s'i-
magina avoir infpirés au Roi,
enorgueillie de la victoire qu'elle
penfa avoir emportée fur toutes
les autres femmes de la Cour,
Madame ne fe vit détrompée
qu'avec douleur. Elle en conçut
même un fi violent dépit, qu'elle
chercha chaque jour de nouvelles
occafions de mortifier la Valliere.
Toutes ces fureurs ne fervirent
qu'à allumer davantage la paffion
du Roi. Bientôt il n'en fit plus
myftere. On raconte qu'un jour
étant à la promenade dans le Parc
de Verfailles avec les principales
Dames de la Cour, il furvint une
petite pluie : Louis XIV , fans
s'embarraffer des autres femmes,
don-

donna la main à la Valliere, &
tint même long-temps son chapeau au dessus de sa tête de peur
qu'elle ne fût mouillée. Madame
vit avec impatience l'amour du
Roi pour sa fille d'honneur, se
manifester chaque jour par les témoignages les moins équivoques
& les présens les plus magnifiques.
Ce Monarque exigea que la Valliere, ornée de toutes ses pierre-
ries, se présentât devant Madame. Cette Princesse lui demanda
en présence de Louis XIV, de
qui elle tenoit ces bijoux. C'est
moi qui les lui ai donnés, repartit
brusquement le Roi. Madame ne
répondit rien : mais elle en con-
serva dans le fond du cœur un ressentiment qu'elle se proposoit de
faire éclater lorsque l'occasion lui
paroîtroit favorable. D'abord elle

B

fe plaignit hautement de l'outrage qu'on lui faifoit , en choififfant fa maifon pour un commerce de cette nature. Elle communiqua fes fcrupules apparens à la Reine mere. * Elles convinrent toutes deux qu'elles en parleroient à la Valliere. Elles la firent venir , & lui reprocherent , avec une dureté & une hauteur fans exemple , d'exciter la difcorde & le divorce dans le fein de la Famille Royale. La Valliere confufe , défefpérée de recevoir tant d'humiliation , réfolut d'aller enfevelir fa honte & fa douleur dans le fond d'un cloître. Sans avoir communiqué fon deffein à qui que ce fût , elle fe rendit aux Filles de Sainte-Marie,

---

* Anne d'Autriche, veuve de Louis XIII, & mere de Louis XIV. Elle mourut à Paris, le 20 Janvier 1666, dans fa foixante-cinquieme année. Elle étoit fille, fœur, femme & mere de Roi.

à Chaillot, & s'enferma ſeule pour pleurer en liberté. Le Roi apprend cette nouvelle, il eſt comme frappé de la foudre, il quitte les Ambaſſadeurs auxquels il donnoit audience, monte à cheval, & court à toute bride à Chaillot. Il ſe préſente devant Mademoiſelle de la Valliere, qui, touchée de cette marque de tendreſſe, ne peut retenir ſes larmes. Cet heureux Amant reſſentit toute l'émotion qu'il cauſoit. Après un aſſez long entretien, il conjura la Valliere de retourner à la Cour. Elle s'en défendit beaucoup, en alléguant les mortifications auxquelles elle étoit expoſée. Le Roi lui promit d'y mettre ordre, & la ſollicita de ſi bonne grace, qu'elle n'eut pas la force de réſiſter à tant d'inſtances. Louis X I V la ramena en triom-

phe chez Madame , à qui il la re-
commanda comme la perſonne qui
lui étoit la plus chere. Il avoit déja preſſé pluſieurs fois la Valliere
d'accepter une maiſon particuliere : mais elle l'avoit toujours refu-
ſée , en lui repréſentant que cet
éclat ſeroit capable de la perdre
& d'animer ſes ennemis. Le Roi
lui fit obſerver que c'étoit l'unique moyen de la ſouſtraire aux
perſécutions qu'elle éprouvoit , &
d'être à portée l'un & l'autre de ſe
voir chaque jour plus librement.
Enfin , elle y conſentit. On lui
donna l'Hôtel de Biron , qu'on
fit meubler de la maniere la plus
riche & la plus ſomptueuſe. Le
Monarque ne s'en tint pas là. Il
gratifia le frere de la Valliere d'u-
ne charge conſidérable , & lui pro-
cura un mariage avantageux.

Madame, qui voyoit échouer toutes les entrepriſes qu'elle formoit pour rompre cette intelligence, fit part de ſes chagrins à Olimpe de Mancini, Comteſſe de Soiſſons. Celle-ci engagea le Marquis de Vardes, ſon Amant, à ſeconder Madame : le Comte de Guiche, fils aîné du Maréchal de Gramont, jeune homme plein d'eſprit, de courage & d'audace, que Madame écoutoit favorablement, s'unit à eux. Ils eſpéroient que, s'ils parvenoient à faire éloigner la Valliere, ils reſteroient les maîtres de la Cour. Ils s'imaginoient que, ſi par quelque moyen la jeune Reine pouvoit connoître les nouvelles amours du Roi, ce Prince ſe verroit bientôt forcé de renoncer à ſa Maîtreſſe. Il doit paroître étonnant que la

Reine feule ne fût rien d'une intrigue qui occupoit toute la Cour:
mais fi l'on fe repréfente la crainte
& le refpect que Louis XIV inf-
piroit à tous ceux qui l'appro-
choient, on ne fera plus furpris
qu'aucun Courtifan n'ait ofé découvrir ce fecret. Chacun craig-
noit par une pareille indifcré-
tion, d'encourir l'indignation &
la vengeance du Monarque. C'eft
pour cela que les ennemis de la
Valliere eurent recours à un artifice qui ne les compromit point.
En conféquence, Madame, la
Comteffe de Soiffons & leurs
Amans arrêterent que le plus fûr
expédient pour réuffir, étoit de
faire parvenir à la Reine, comme
de la part du Roi d'Efpagne, une
lettre qui l'inftruifit de tout ce
qu'elle ignoroit. De Vardes com-

posa la lettre en François , de Guiche la traduisit en Espagnol. La lettre parvint à sa destination, sans que personne se doutât pour lors d'où elle venoit. La Reine qui aimoit passionnément son mari , & qui en avoit été fort aimée dans la premiere année de son mariage , fut outrée de douleur. La Reine mere prit son parti. Le Roi furieux ne savoit qui devoit être l'objet de son ressentiment. Il mit tout en usage pour le découvrir. Il s'adressa même au Marquis de Vardes en qui il avoit la plus aveugle confiance. Le Marquis feignant de la surprise , fit adroitement tomber les soupçons sur Madame de Navailles , Dame d'Honneur de la Reine , qu'il savoit n'être pas aimée du Roi. Ce Prince le crut. Madame de Navailles & son mari furent sacrifiés. Ils furent obligés de se démettre de leurs charges & de se retirer de la Cour. Le Marquis fâché au fond du cœur des désordres dont il étoit cause, considéra avec peine la profondeur de l'abyme où il avoit eu la foiblesse de s'engager : mais il n'étoit plus temps de reculer.

La jeune Reine toujours affligée de voir la Valliere occuper seule le cœur du Roi, porta ses plaintes à l'Ambassadeur d'Espagne : mais l'Ambassadeur, en habile courtisan, sentit combien il étoit dangereux de se mêler d'une affaire aussi délicate, & sous quelque prétexte il refusa de s'en charger. Cette Princesse désespérant de ramener son mari, tomba dangereusement malade. Le

Roi parut sensible à son chagrin :
mais n'en demeura pas moins attaché à Mademoiselle de la Valliere , qui devenue enceinte , accoucha en 1666 de Mademoiselle
de Blois. * Quelque-temps après
ses couches , il la fit Duchesse. Il
voulut même qu'elle fût présentée
à la Cour, & que les deux Reines la
reçussent avec toute la distinction
due à sa nouvelle dignité. Vu les
dispositions où ces deux Princesses
étoient à son égard , l'entreprise
devenoit hardie & la négociation
difficile. Madame de Montausier,
femme de beaucoup d'esprit &
d'adresse , fut choisie pour la faire

---

* Marie-Anne de Bourbon , née en Octobre 1666,
& légitimée le 13 Mai 1667 , fut d'abord nommée
Mademoiselle de Blois. De tous les enfans du Roi,
elle fut la plus ressemblante à son pere. Elle épousa
Armand de Conti, cousin du grand Condé.

réuffir ; mais dans le même-temps
la jeune Reine accoucha , & fut
pendant quelques jours en très-
grand danger. Cette Princeffe
voyant le Roi affligé de fa maladie , faifit l'occafion. Elle s'unit
avec la Reine mere & fon Confef-
feur , pour engager le Roi à ma-
rier la Valliere. Louis XIV vou-
lant ménager l'état de la Reine ,
dit que fi la Valliere y confentoit ,
il ne s'y oppoferoit pas. On pro-
pofa ce mariage au Marquis de
Vardes ; mais fes liaifons avec la
Comteffe de Soifons l'empêche-
rent de l'accepter.

Madame de fon côté ne négli-
geoit rien pour dégoûter le Roi
de fa Maîtreffe. Elle donna à ce
Prince un fuperbe divertiffement,
où elle fit trouver à deffein une
femme d'une beauté remarqua-

ble, il n'y fit nulle attention. Son
cœur étoit uniquement occupé
de la Valliere, & les efforts qu'on
faisoit pour l'en détacher, ne firent
que la lui rendre encore plus chere. Il voulut voir s'il en étoit aimé
comme il l'aimoit. Il feignit de re-
chercher plusieurs Dames de la
Cour. On assure même qu'il alla
plus loin avec l'une d'elles ; mais
cette intrigue ne fut pas de longue
durée. Du moins la Valliere qui
avoit beaucoup d'estime pour le
Roi , & beaucoup de confiance
en lui , parut l'ignorer ; elle ne
prit aucun ombrage des assiduités
que son amant rendoit à d'autres
Beautés célebres. Son peu de ja-
lousie piqua la vanité du Roi. Il
se plaignit de son indifférence. La
Valliere s'excusa, en disant qu'elle
lui croyoit trop d'honneur pour

manquier à fes fermens, & le cœur
trop fenfible pour ceffer de l'aimer. Il y eut cependant , durant
quelques jours , entre ces deux
Amans un léger nuage , qui difpa-
rut bientôt pour faire place à de
nouvelles preuves de leur paffion.
La Valliere trouva tant de plaifir
dans ce raccommodement , qu'elle
dit au Roi : *Sire, raccommodons-*
nous fans ceffe. Ah! plutôt , répondit ce Prince , *ne nous brouillons*
jamais.

Louis XIV malgré toutes fes
recherches, n'avoit pu découvrir
d'où venoit la lettre qu'on avoit
écrite à la jeune Reine. Le hafard
lui en révéla le myftere. Il apprit
que le Comte de Guiche , malgré
les défenfes , continuoit à rendre
des affiduités à Madame : il le re-
légua à Marfeille. Cette Princeffe,

pour se consoler de la perte de son amant, forma quelque dessein sur de Vardes : mais elle ne put jamais lui faire abandonner la Comtesse de Soissons. Celle-ci fiere de ce succès, tint sur le compte de Madame des propos indiscrets qui lui parvinrent. Madame n'écoutant que son ressentiment, conçut le dessein de s'en venger à quelque prix que ce fût. Elle découvrit au Roi le secret de la lettre Espagnole, qu'ils avoient concertée ensemble. Ce Monarque irrité de se voir trahi aussi lâchement par ceux qu'il avoit le mieux aimés, envoya de Vardes dans un cachot à la citadelle de Montpellier, * & exila la Com-

---

* Le Roi qui aimoit de Vardes, s'appaisa bientôt. On lui donna d'abord la Citadelle pour prison, & ensuite la Ville de Montpellier. Il eut enfin la

teſſe de Soiſſons dans le Gou-
vernement de Champagne qu'a-
voit ſon mari. Madame fut la ſeule
qui ſe ſauva du naufrage ; & de
Vardes , qui étoit ſur le point
d'être fait Duc , vit ainſi toutes
ſes eſpérances s'évanouir.

Le Roi ne reſpiroit que pour
adorer la Valliere. Tout le reſte
lui étoit indifférent : il ne ſe plai-
ſoit qu'avec elle. Il trouvoit tant
de charmes dans ſa converſation ,
que ſouvent il paſſoit de ſuite des
jours entiers & la moitié des nuits
à l'entretenir. Un jour qu'ils
étoient enfermés enſemble , la
Valliere reſſentit tout-à-coup les
douleurs de l'enfantement. Elles

---

permiſſion d'aller de Montpellier à Aigues-Mor-
tes. Ce Courtiſan adoucit la rigueur de ſon exil ,
en s'appliquant à l'étude des Sciences où il acquit
de grandes connoiſſances. Il mourut , aimé & re-
gretté de toute la Province de Languedoc.

devinrent ſi preſſantes, que le Roi n'eut pas le temps d'appeller du ſecours. Il ſe vit même dans la néceſſité de l'aider à mettre au monde le Comte de Verman- dois. * Il prit à la Valliere une telle foibleſſe, que pendant quel- que-temps les Dames qui étoient ſurvenues, la crurent morte. Le Roi étoit dans la plus violente agi- tation ; il ne la quittoit pas un inſtant. Il ſe faiſoit ſervir auprès d'elle. La Valliere ne ſe rétablit que lentement. Elle en conſerva même une maigreur exceſſive & une ſi grande foibleſſe dans la

---

* Louis de Bourbon, Comte de Vermandois, Amiral de France, né le 14 Mai 1667, & légi- timé le 22 Février 1669, il mourut au ſiege de Courtray vers la fin de 1683. On a cru long-temps qu'il étoit le priſonnier de la Baſtile, appellé *l'homme au maſque de fer.* Quelques perſonnes le croient même encore aujourd'hui.

moitié du corps , qu'elle ne mar-
choit plus qu'avec peine. Rien cependant n'apportoit de changement à l'inclination du Roi. La
Valliere occupoit toujours la premiere place dans fon cœur. Ce
Monarque ne cessoit d'avoir pour
elle les égards les plus tendres &
les plus diftingués. Elle lui avoit
fait préfent d'un habit magnifi-
que. Senfible à cette galanterie, il
le porta long-temps ; & quelques
jours après , il lui envoya en
échange une parure de diamans
extrêmement riche. Le Roi un
autre jour faifoit la revue de fes
troupes à Vincennes , en préfen-
ce des Ambaffadeurs & des principaux Seigneurs de fa Cour ; la
Valliere s'y trouva. Dès que le
Roi vit fon carroffe , il alla lui
parler, & refta pendant une heure

&

& demie à la portiere le chapeau bas malgré la pluie. A quelques pas delà , il rencontra le carroſſe des deux Reines , il les ſalua & ne s'arrêta pas.

On prétend qu'un ſoir , comme le Roi venoit de la quitter, & qu'elle étoit au lit depuis un inſtant , une petite chienne qu'elle avoit ſe mit à aboyer. La Valliere d'abord ne fut point allarmée : mais lorſqu'elle entendit marcher quelqu'un dans ſa chambre , elle ſe leva toute effrayée , & courut appeller du ſecours. On vint auſſi-tôt : on viſita par-tout : on ne vit perſonne ; mais on s'apperçut que les fenêtres étoient ouvertes , & on y trouva des échelles de cordes attachées. Une aventure auſſi extraordinaire fit grand bruit. Le Roi promit , dit-on ,

C

juſqu'à dix mille louis à quicon-
que découvriroit les auteurs de ce
complot. Ce fait eſt rapporté par
la plupart des Hiſtoriens de la
Valliere : il eſt du moins certain
que dans le même-temps on lui
donna des Gardes & un Maître-
d'Hôtel, qui goûtoit de tout ce
qu'on ſervoit ſur ſa table.

Après des témoignages auſſi
éclatans & auſſi ſouvent réitérés,
après une conſtance auſſi ſoute-
nue, il ſembloit que cette paſſion dût éternellement durer. Les
deux Reines & Madame avoient
inutilement tenté tous les moyens
poſſibles de rompre l'union de ces
deux Amans. Les autres femmes
de la Cour qui avoient des pré-
tentions ſur le cœur du Roi, s'in-
triguoient chaque jour, & chaque jour elles voyoient échouer

toutes leurs entreprises. Madame de Montespan , femme d'une grande beauté , d'un caractere altier & impérieux , mais d'un esprit fin & délié , ne laissoit échapper aucune des occasions qui pût la faire valoir. Elle eut en même-temps l'adresse de donner à la Reine une grande opinion de sa vertu en communiant devant elle tous les huit jours , & de s'insinuer dans les bonnes graces de la Valliere , de maniere qu'elle ne la quittoit pas. Ainsi elle passoit sa vie avec le Roi , & employoit tous les moyens pour s'en faire aimer. On pense bien qu'il ne devoit pas être difficile d'y réussir à une personne que les scrupules n'arrêtoient point , & qui à la figure la plus aimable , joignoit l'efprit le plus féduifant. * La Valliere avoit perdu l'éclat de la premiere jeuneffe. Sa derniere couche, en altérant fa fanté, avoit auffi enlevé une grande partie de fes charmes. Le Roi n'avoit déja plus pour elle le même empreffement. A mefure que ce Prince fe refroidiffoit pour Mademoifelle de la Valliere, Madame de Montefpan faifoit de nouveaux progrès fur fon cœur. Sans ceffe entourée d'Adorateurs, comme il lui étoit important de perfuader au Roi qu'elle n'en écoutoit aucun, elle affectoit tous les foirs au coucher de la Reine où ce

---

* Madame de Montefpan dit à ceux qui lui annoncerent que le Pere la Chaife approuvoit le Roi de l'avoir quittée pour Mademoifelle de Fontanges : *Je favois bien que ce Pere la Chaife n'étoit qu'une chaife de commodité.*

Prince ſe trouvoit ſouvent, de tourner en ridicule les propos que chacun d'eux lui avoit débités dans la journée. La Valliere, qui s'appercevoit que le Roi commençoit à la négliger, fut charmée de trouver dans Madame de Monteſpan, une Amie à qui elle pût confier ſes chagrins. On vit entre ces deux femmes les apparences de l'amitié la plus étroite. Elle étoit ſincere de la part de la Valliere naturellement pleine de droiture & de bonne foi ; mais il y avoit de la diſſimulation de la part de l'autre, qui n'étoit pas de caractere à aimer une rivale, & qui ne careſſoit la Valliere que pour la trahir. * Elle paroiſſoit

---

* Madame de Monteſpan avoit trahi la Valliere. On ſait qu'elle le fut à ſon tour par la Scaron, ſi célebre depuis ſous le nom de Madame de Maintenon.

cependant entrer dans fes inté-
rêts, & partager fes douleurs.
Elle affectoit pour elle une
complaifance particuliere. Tantôt elle blâmoit le Roi de lui
témoigner autant d'indifférence;
tantôt elle pouffoit la fauffeté
jufqu'à lui propofer les moyens
de le ramener. Affurée des difpo-
fitions de Louis XIV, elle favoit
trop bien que l'amour ne revient
jamais fur fes pas, & qu'en feignant de plaindre fa rivale, fes inté-
rêts ne couroient aucun danger.

Le Roi venoit fouvent chez
Madame de la Valliere, mais
c'étoit pour y voir Madame de
Montefpan. La Valliere prit d'a-
bord ces vifites pour fon compte;
mais elle ne tarda pas à revenir
de fon erreur, & à s'appercevoir
qu'elle étoit la victime de fa con-

fiance & de sa crédulité. Elle
s'en plaignit au Roi avec douceur.
Elle lui mit sous les yeux tout
ce qu'il avoit fait pour elle. Elle
lui représenta ses sermens, sa
tendresse passée. Elle lui répéta
tout ce que la douleur & l'amour
peuvent inspirer de plus touchant.
» Ah ! Sire, dit-elle , est-ce
» ainsi que vous m'avez promis
» de m'aimer ? Avez-vous pu
» rompre un lien que vous deviez
» toujours chérir ? Avec quelle
» tendresse cherchiez-vous au-
» trefois à dissiper la trop juste
» crainte que j'avois de vous
» perdre ! Qu'est devenu ce temps
» où vous étiez persuadé qu'il n'y
» avoit que mon cœur au monde
» capable de ressentir tout l'amour
» que vous étiez jaloux d'inspirer ?
» Espérez-vous en trouver jamais

» d'auffi tendre, d'auffi fidele que
» le mien. Je ne fais, Sire, fi
» j'aurai la force de fupporter la
» perte de votre amour : mais je
» fuis bien fûre que votre indif-
» férence ne m'empêchera jamais
» de vous aimer toute ma vie. »
Le Roi incapable de feindre
long-temps, lui répondit qu'il
étoit vrai qu'il aimoit ailleurs :
mais que rien ne pourroit altérer
l'eftime & les fentimens qu'il fe
feroit honneur de lui conferver.
Ce difcours jetta le défefpoir &
l'accablement dans le cœur de la
Valliere. La mort dans le fein,
les yeux remplis de larmes, elle
conjuroit le Roi de ne point l'a-
bandonner : elle l'affuroit qu'elle
ne pourroit furvivre à cette
cruelle féparation. Elle recom-
mença vingt fois les plus tendres

prieres. Ce fut en vain. Le Roi avoit pris son parti. Une des choses qui fait le plus d'honneur à cette Amante infortunée , c'est qu'étant éclaircie de son fort, elle montra à Madame de Montespan , une modération , une sérénité , qu'on ne devoit guere espérer d'une rivale. Il ne lui échappa aucune marque d'emportement, pas même une seule plainte contre elle. Elle supporta long-temps avec douceur l'humiliation de voir triompher celle qui l'avoit trahie ; & le plaisir de voir quelquefois Louis XIV , qu'elle aimoit toujours, la consoloit du chagrin de n'en être plus aimée. Madame de Montespan adroite & ambitieuse , sentit qu'il ne lui étoit pas inutile de se concilier par des manieres prévenantes , la bienveillance des Courtifans , que la Valliere moins intéreffée avoit trop négligés. Elle ne voyoit en fe faifant aimer du Roi , que le plaifir de l'emporter fur les autres femmes , & de pouvoir difpofer de tout à fon gré. L'autre , avoit fait confifter fon bonheur à perfuader à fon Amant qu'elle l'aimoit uniquement pour lui-même. Elle ne lui avoit jamais demandé la moindre grace , ni pour elle , ni pour fes amis. Sa délicateffe alloit jufqu'à s'oppofer fortement à tout le bien que le Roi vouloit faire. Enfin , lorfqu'elle vit que la Cour s'éloignoit d'elle pour aller encenfer fa rivale , & qu'elle avoit perdu le cœur du Roi fans retour, fa douleur fut auffi exceffive que fon amour avoit été violent , &

elle en eut même une maladie ſi
dangereuſe qu'on craignit pour ſa
vie. A peine ſa ſanté fut-elle réta-
blie, qu'elle prit la réſolution d'aller finir ſes jours dans le Cloître. Elle choiſit le Couvent des
Carmelites, de la rue Saint-Jaques
à Paris, où elle ſe rendit le 2
Juin 1674. Et un an après, elle
fit profeſſion dans l'intérieur du
Chapitre de ce Monaſtere, ſui-
vant l'uſage de cet Ordre. Le
lendemain, la Reine lui donna
ſolamnellement le voile noir.
L'illuſtre Boſſuet prononça un
diſcours rempli de traits ſublimes.
Il ſembloit par l'énergie des ta-
bleaux foudroyer la victime infortunée qui s'immoloit volon-
tairement. Je me figure dans ce
moment le célebre Fénélon à la
place de l'Evêque de Meaux. Je

me repréfente l'Archevêque de
Cambrai par une éloquence douce
& perfuafive , jettant la confo-
lation dans ce cœur tendre &
défefpéré , lui peignant un Dieu
compatiffant à nos foibleffes , &
toujours prêt à pardonner aux larmes du repentir ; l'onction touchante d'un pareil Orateur n'eût-
elle pas été plus conforme au
caractere de la Valliere ? Quoiqu'il en foit, elle quitta les grandeurs avec une entiere réfigna-
tion , & vécut chez les Carmelites fous le nom de Sœur
Louife de la Miféricorde , dans
l'humiliation la plus profonde , &
avec les témoignages les moins
équivoques d'une fincere pénitence. Elle voulut d'abord fe faire
Sœur Converfe ; mais la Supérieure de ce Couvent ayant réfiftée

à ses pressantes sollicitation, elle demanda la permission de les soulager dans leurs emplois les plus pénibles. Quoique d'une complexion foible & délicate, rien ne la rebutoit. Elle portoit continuellement la haire, le cilice, une ceinture de fer; & pour expier le plaisir qu'elle avoit eu autrefois à prendre des liqueurs, elle s'imposa pendant plusieurs année, la peine de ne boire qu'un demi verre d'eau par jour. * Dans quelque saison que ce fut, elle se levoit deux heures avant les autres, & passoit ce temps prosternée au pied des Autels, dans la posture la plus humble

---

* Elle observoit même si scrupuleusement le jeûne du Vendredi-Saint, que de toute la journée elle ne se permettoit point de prendre seulement une goutte d'eau.

& la plus édifiante. Elle aimoit tendrement son frere : elle soutint cependant sa mort avec tant de fermeté d'ame, qu'elle ne donna aucune marque extérieure de sensibilité. Elle dit aux personnes qui l'exhortoient à soulager sa douleur par quelques larmes : *Il y a long-temps que j'ai tout sacrifié, c'est sur moi seule qu'il faut pleurer aujourd'hui.* Et lorsqu'on lui annonça qu'elle n'avoit plus de fils, elle dit encore. *Je dois pleurer sa naissance encore plus que sa mort.* La Reine & plusieurs personnes de la Cour lui rendoient de fréquentes visites : tous ces honneurs l'importunoient. Pour s'y soustraire, elle supplia la Supérieure de la transférer dans la Maison la plus pauvre de l'Ordre, & la plus éloignée de Paris;

on ne voulut jamais y consentir.
Enfin, cette vie austere lui at-
tira de longues & de violentes
infirmités, qu'elle supporta avec
une constance héroïque. Elle s'é-
toit si bien endurcie à la douleur,
qu'elle y étoit devenue insensible.
Un jour la Supérieure voyant sa
jambe gâtée par la gangrene, la
gronda de ne l'avoir pas avertie,
elle répondit qu'elle ne s'en étoit
pas apperçue. La veille de sa
mort elle se leva encore à trois
heures du matin, pour aller
rendre au Saint-Sacrement son
hommage ordinaire : mais les
forces lui manquerent en chemin.
On la mit au lit, d'où elle ne
releva pas. Elle mourut le 16
Juin 1710, après trente-six ans
de Religion, âgée de soixante-six
ans moins deux mois. Ainsi finit

cette Héroïne , auffi célebre par fa tendreffe que par fes auftérités. Louis XIV ne fut jamais aimé plus véritablement qu'il le fut par elle ; & l'on n'a jamais vu de repentir plus fincere , ni de pénitence plus rigoureufe.

Madame de la Valliere étoit d'une taille médiocre , fon corps étoit mince & délié ; elle boitoit un peu , & la petite vérole avoit laiffé fur fa figure quelque taches légeres. Mais fa phyfionomie étoit douce , ouverte , pleine de candeur & de fenfibilité. Elle avoit la peau très-blanche , les cheveux châtain & les yeux noirs. Lorfqu'elle étoit libre , fon humeur avoit de la gaité & de la vivacité. L'habitude de vivre à la Cour n'avoit pu lui faire furmonter la timidité qui lui étoit naturelle ,

&

& qui chez les femmes est or-
dinairement la compagne de la
sensibilité. Son cœur étoit tendre
à l'excès , généreux , compatis-
sant , & singuliérement attaché
à ses amis. La droiture & la
franchise éclatoient dans toutes
ses manieres. Elle ignoroit naturellement l'art le plus nécessaire
aux Courtisans , le talent de l'intrigue. Incapable de la moindre
dissimulation , elle ne pouvoit la
supposer dans les autres. Elle jouit
de sa fortune sans orgueil , &
souffrit sa disgrace sans se plaindre. Le cœur du Roi fut la seule
chose au monde qu'elle regretât.
Elle ne chercha jamais à nuire,
& si elle eut des ennemis , elle
ne mérita jamais d'en avoir. Son
esprit étoit naturel , plein de graces , & orné par les Belles-Lettres.

D

Ses difcours avoient un charme qui la faifoit écouter avec un plaifir inexprimable. La Poéfie, cet amufement des ames fenfibles, avoit fouvent occupé fes loifirs. On prétend que lorfqu'elle étoit à la Cour, elle compofoit des vers avec facilité; & lorfqu'elle fut retirée du monde, on publia fous fon nom un petit livre intitulé : *Réflexions fur la Miféricorde de Dieu* ; cette brochure imprimée en 1680, actuellement fort rare, eut alors beaucoup de vogue. Elle refpire le dégoût du monde & l'amour de Dieu. La Valliere s'y compare fouvent à la Magdeleine, elle demande pardon à l'Etre fuprême des déreglemens de fa vie paffée. Cependant on y voit encore qu'elle n'a point entiérement oublié fon

augufte Amant , & qu'il lui en
coûtoit quelquefois de grands efforts pour en éloigner le fouvenir.
» Je ne me flatte point , dit-elle ,
» d'être morte à mes paffions ,
» pendant que je les fens revivre
» plus fortement que jamais dans
» ce que j'aime plus que moi-mê-
» me , (elle parle du Roi) & d'au-
» tant plus dangereufement, que
» mon amitié , qui femble me
» vouloir juftifier , m'empêche
» d'écouter la raifon , & de fui-
» vre les faintes infpirations de
» mon Dieu. » Ce paffage fin-
gulier peut fervir de fondement
à l'Héroïde qu'on va lire.

LETTRE

DE LA DUCHESSE
DE LA VALLIERE
A LOUIS XIV.

Quelle est donc, juste Ciel! cette lugubre enceinte?
Je vois par-tout regner le deuil & la contrainte.
Reine hier, je marchois sous ces lambris dorés,
Où pareils à des Dieux les Rois sont adorés;
Où Louis tient le sceptre, où la magnificence
Annonce à tous les yeux sa gloire & sa puissance;
Où dans l'éclat trompeur des beaux jours qui m'ont lui
Je partageois l'encens qu'on brûle devant lui.
Où suis-je maintenant? O funeste contraste!
Ce n'est plus des grandeurs l'opulence & le faste;

C'eſt d'un cloître indigent l'affreuſe auſtérité.

Dans ce ſombre réduit par la crainte habité,

Où béniſſant en paix le ſaint joug qui l'opprime,

La modeſte vertu pleure ainſi que le crime,

Toute entiere à mes feux, en proie à mes douleurs,

Hélas ! depuis un jour, mes yeux baignés de pleurs

N'ont encore apperçu que des objets funebres.

Cette lampe qui luit à travers les ténebres,

Ce calme, ces tombeaux, ces lamentables chants,

Tout porte la triſteſſe & l'effroi dans mes ſens.

Et c'eſt-là, cependant, que plaintive, éplorée,

A jamais des humains je vivrai ſéparée;

Et que changeant en deuil ces ſuperbes atours,

Je vais au Roi des Rois offrir mes triſtes jours.

De la pompe du Louvre ici que tout differe !

Moi, languir dans un cloître ! ô Ciel ! que viens-je

    y faire ?

Moi, dompter mon amour ! moi, prononcer des vœux,

Ah ! plutôt... Mais hélas ! ſais-je ce que je veux ?

Avant de conſommer cet affreux ſacrifice,

Que d'efforts fur mon ame il faudroit que je fiſſe!

Que dis-je?...Quelques maux qu'il puiſſe m'en coûter,

Il faut bien m'y réſoudre... & je vais tout quitter.

Grand Prince, ce parti qui ſeul me reſte à prendre.

Après tous mes malheurs ne doit plus vous ſur-

prendre.

J'ai vu s'éteindre un feu qui ne dot point finir.

J'ai ceſſé de vous plaire... Il faut bien m'en punir.

Hélas! j'avois ſi bien prévu votre inconſtance,

Que de mes ſurveillans trompant la vigilance,

Au fond d'un cloître un jour je courus me cacher.

Vous-même dans l'inſtant vîntes m'en arracher.

On croit tout, quand on aime: agneau foible & timide,

Je ſuivis ſans effort un ſi dangereux guide.

Qu'il vous en coûte peu pour vaincre mes refus!

Mais vous m'aimiez alors... Et vous ne m'aimez plus.

Louis, eſt-il bien vrai qu'au mépris de mes larmes,

Pour toi le changement ait aujourd'hui des charmes?

Quelle eſt donc la Beauté qui me ravit ta foi?

Hélas! en eſt-il une auſſi tendre que moi?

Se peut-il qu'en un jour mes foibleffes paffées

Soient de ton fouvenir à jamais effacées?

As-tu pu fans pitié percer ce trifte cœur,

Ce cœur infortuné dont tu fit le bonheur?

Un jour me difois-tu, las du pouvoir fuprême,

„ Que rarement un Prince eft aimé pour lui-même ;

„ L'amour, le tendre amour qui me tient fous ta loi

„ Peut feul me confoler du malheur d'être Roi.

„ Oui, périffe le Ciel & la nature entiere,

„ Si je ceffe un inftant d'adorer la Valliere. „

Eh quoi! par tes fermens tant de fois outragé

Ce Ciel fubfifte encore.... & ton cœur eft changé.

D'où vient, cruel Amant ne te fuis-je plus chere?

Qu'ai-je fait? Par quel crime ai-je pu te déplaire?

Ingrat, tout mon malheur eft de te trop aimer.

Que dis-je? A mon exil peux-tu t'accoutumer?

Dans quel fein voudras-tu, fi tu brife nos chaînes,

Épancher déformais tes plaifirs & tes peines?

Confulte bien ton cœur: la vie hélas! fans moi

Peut-elle avoir encore quelque douceur pour toi?

Eh bien! fi la pitié ne peut rien fur ton ame,

Du moins cede à la voix de l'honneur qui t'enflâme,

Lorfque la vérité, ce grand Juge des Rois,

Viendra chez nos neveux faire entendre fa voix,

Quand l'Hiftoire peindra ces rapides conquêtes,

Ces fpectacles brillans, & ces fuperbes fêtes,

Ces pompeux monumens élevés par tes mains,

Chefs-d'œuvres immortels qu'enviroient les Ro-

     mains,

Les Arts reffufcités, l'abondance en nos Villes,

Ta fageffe étouffant les difcordes civiles,

Les grands-hommes en foule accourant à ta voix

Et l'Europe à genoux te demandant des loix :

Alors de nos erreurs on parlera peut-être.

On dira quel penchant en mon fein tu fis naître.

On faura que ce Roi par-tout victorieux,

Ce Roi fi bienfaifant, fi grand, fi glorieux

Pour moi feule eut une ame inflexible, cruelle,

Qu'il trompa fans pitié ce cœur tendre & fidele;

Et que me puniffant de l'adorer toujours,

Veux-tu de cette tache obfcurcir ta mémoire ?

Il s'étoit fait un jeu d'empoifonner mes jours.

Veux-tu que l'avenir en admirant ta gloire

Dife : Louis fut grand : mais parjure & trompeur,

Il ne mérita pas de conferver un cœur.

Cher Prince, cher objet de ma flamme infenfée,

Oui, tu regnes toujours au fond de ma penfée.

Toi jadis allarmé de mes moindres ennuis,

Peux-tu m'abandonner dans l'état où je fuis?

Une Amante pour toi defcend à la priere;

Oui, cher Prince, à tes pieds vois tomber la Valliere.

Rends-moi ton cœur; ta foi : viens, je te tends les bras.

Viens partager mes feux... Pourquoi ne viens-tu pas ?

Mes prieres, mes pleurs, eh quoi ! rien ne te touche.

Tu ne fus pas toujours fi dur & fi farouche.

Mais j'ouvre enfin les yeux : le Ciel veut m'éclairer :

Si tu féduis les cœurs, c'eft pour les déchirer.

Pardonne.. Je m'égare... Et je devrois peut-être

Dans l'infidele Amant, refpecter plus le Maître;

Eh que font à mes maux, la grandeur & le Roi?

Je ne vois qu'un mortel infenfible, fans foi,

Qui rompant les doux nœuds où j'étois affervie,

M'arrache avec fon cœur le bonheur & la vie.

C'en eft fait : fur la terre il n'eft plus rien pour moi ;

Cruel, en te perdant, je perds tout avec toi.

Aux favoris des Rois cette épreuve eft commune.

J'ai vu jadis la foule affiéger ma fortune.

Aujourd'hui loin de moi tout s'éloigne, tout fuit :

Tout enfin m'abandonne à l'horreur qui me fuit.

D'obfcurs infortunés ont au moins l'avantage

De trouver dans leurs maux un cœur qui les partage ;

Et moi, dans ce haut rang qui fit tous mes malheurs,

Je n'ai pas une main pour effuyer mes pleurs.

Dieu ! quel fonge eut jamais un réveil plus funefte !

Le trifte fouvenir eft tout ce qui m'en refte.

J'ignorois jufqu'ici combien il eft affreux

De perdre le feul bien qui peut nous rendre heureux.

Quand l'amour de ton cœur m'offrit le facrifice,

Ai-je pour te féduire, employé l'artifice ?

Par quel aveuglement me laiffai-je charmer?

Je crus que pour te plaire il fuffifoit d'aimer :

Je fuivis mon penchant. Hélas ! pour toute adreffe

Je laiffai fans détour éclater ma tendreffe.

Quoi ! tandis qu'à tes vœux la Cour de tous côtés

Offroit un choix facile entre tant de Beautés,

Quel charme à tes regards diftingua la Valliere !

Chacune avoit fes droits : l'une orgueilleufe & fiére

Vantoit fon rang fuperbe & l'autre fes attraits.

Toutes de l'art de plaire épuifoient les fecrets :

Moi, je n'eus qu'un cœur tendre, & je fus préférée.

Adorant le mortel dont j'étois adorée,

Je penfois que l'amour conduifoit au bonheur.

Comme je me plaifois à chérir mon erreur !

Tes larmes, tes fermens, je crus tout, & mon ame

Avec fécurité fe livroit à ta flamme.

Oui fûre de ta foi, je ne redoutois rien.

Qu'on abufe aifément un cœur tel que le mien !

Par un chemin de fleurs, conduite dans l'abyme,

J'ignorois en tes bras que l'amour fût un crime.

Mais que j'ai payé cher ce dangereux plaifir !

Ah! pour m'abandonner falloit-il me choifir?

J'ai mérité mon fort: le Ciel en fa colere

M'a fans doute infpiré le defir de te plaire.

Et comment réfifter? je voyois à la fois

Des Amans le plus tendre & le plus grand des Rois

Dépofer à mes peids fon cœur & fon Empire.

Cependant tu le fais & j'ofe encor le dire,

La tendre la Valliere, en payant ton ardeur,

N'a jamais dans le Roi recherché la grandeur.

Si tu peux en douter, defcends du rang fuprême

Et tu verras alors fi c'eft bien toi que j'aime.

Je ne vis que ta flamme, & mon cœur amoureux,

Infenfible à tes dons, ne céda qu'à tes feux.

Tu me tins lieu de tout. En vain cette Jeuneffe

Fait briller à nos yeux la grace, la nobleffe,

Par fa démarche augufte & ce front fi charmant

Louis eft de fa Cour le plus bel ornement.

O vous, qui fiers des droits d'une illuftre naiffance,

D'un Monarque fuperbe étalez la puiffance,

Grands, de vos titres vains ceffez d'être jaloux.

Quand mon Amant paroît, il vous éclipfe tous.

Louis, de mes erreurs, oui tu fus la premiere,
C'eft toi, c'eft encor toi qui feras la derniere.
En vain cherchant la paix & fuyant les Mortels,
Je viens me dévouer au culte des autels;
Dans le fond de mon cœur ton image attachée,
Non, jamais par le temps n'en peut être arrachée.
Ingrat, connois ce cœur dont tu trahis la foi,
Malgré ton inconftance, il brûle encor pour toi.
Oui fans ceffe... Ah plutôt! que ne puis-je moi-même
Comme toi fans effort oublier ce que j'aime?
Moi, ceffer de t'aimer! eh! le puis-je jamais?...
Hélas! c'eft vainement qu'au Ciel je le promets.
D'un fouvenir fi cher fans ceffe pourfuivie,
Dans quel affreux tourment dois-je traîner ma vie,
Oui, l'amour en mon fein fignalant fa fureur
Accroît à chaque inftant ma flamme, mon erreur;
Et ce penchant fougueux reffemble en fon ivreffe
A la vague qui fuit & qui revient fans ceffe.
La retraite, la paix, le filence, la nuit,

Tout retrace à mon cœur l'ingrat qui l'a séduit.

Dieu témoin de mes pleurs, pardonne à ma foibleſſe.

C'eſt le dernier éclat d'un amour qui te bleſſe.

Pardonne... Mais hélas! près de ſuivre ta loi,

Tout pour m'en écarter conſpire contre moi.

Grand Dieu, puis-je oublier que le Ciel m'a fait mere?

Et quand je ſonge aux fils, puis-je oublier le pere?

 Oſe voir ſans frémir, quand je me donne à Dieu,

Le pénible fardeau qu'on m'impoſe en ce lieu.

Des maux les plus amers avaler le calice;

Avoir pour ornemens la haire & le cilice;

D'un bonheur qui n'eſt plus, garder le ſouvenir;

Redouter à la fois le préſent, l'avenir;

Aux plus humbles emplois ſe complaire à deſcendre;

Jeûner, prier, veiller ou dormir ſous la cendre;

Brûler d'un feu ſecret qu'on voudroit étouffer;

Le combattre ſans ceſſe, & n'en point triompher.

Eſt-ce là le deſtin que je devoit attendre

Des ſermens d'un Monarque & d'une ardeur ſi tendre?

Sont-ce là ces feſtins, ces ſpectacles, ces jeux,

Interprêtes diſcrets de nos paiſibles feux,

Où ſous un voile heureux, tranquille & triomphante

Je goûtois en ſecret les plaiſirs d'une Amante ?

Et je ſuis dans ces lieux ? quel étrange ſéjour

Pour un cœur encor plein des erreurs de l'amour !

Sur quel fragile bien notre bonheur ſe fonde.

    Où fuirai-je ? où cacher ma triſteſſe profonde !

Irai-je m'expoſer par un lâche retour,

A la fauſſe pitié d'une ſuperbe Cour ?

Irai-je, éterniſant une douleur fatale,

De mes pleurs à tes yeux embellir ma rivale ;

Et témoin de tes feux, ſur mes propres débris

Élever ſon triomphe, & ſouffrir ſes mépris ?

Non, non, ſachons plutôt, quand Louis me délaiſſe,

Dans ce cloître enfermer mes maux & ma foibleſſe.

Loin des yeux importuns, j'y goûterai du moins

La funeſte douceur de pleurer ſans témoins.

Peut-être auſſi le temps, la retraite, l'abſence,

Me feront retrouver la paix & l'innocence.

Que dis-je ? Quand l'amour de mes larmes vainqueur

En farouche tyran regne au fond de mon cœur,
Quand toujours plus ardent il s'allume en mes veines;
Puis-je former, grand Dieu, ces espérances vaines ?
Ah ! pour calmer un cœur dévoré de mes feux,
Que servent la retraite & l'absence & les vœux?

Dans le vain tourbillon où ce monde frivole
En d'inutiles jeux perd un temps qui s'envole,
L'amour ne peut lancer que des traits impuissans,
Le plaisir, la douleur, tout glisse sur les sens :
Mais dans la solitude, au fond de la retraite
Notre ame toute entiere au bien qu'elle regrette
Ne respire, ne voit, ne sent que ses malheurs:
C'est-là qu'avec ivresse on s'abreuve de pleurs:
Que l'amour exerçant un tyrannique empire,
Enfonce dans les cœurs le trait qui les déchire;
Et qu'enfin les regrets, les larmes, les combats
Ne font qu'approfondir l'abyme sous nos pas.

O vous, qui, dès l'enfance au Seigneur consacrées
Vivez encor par choix sous ces voûtes sacrées;

E

Vous, dont la voix touchante & les tendres accens

D'un cœur pur & foumis accompagnent l'encens;

Chaftes Sœurs, de l'Amour vous ignorez l'empire,

Sur vos tranquilles fronts l'innocence refpire :

Quelquefois cependant je vous vois foupirer.

Hélas! vous n'avez point mes fautes à pleurer.

O Louis, le deftin pour moi feule barbare

Veut enfin que mon cœur du vôtre fe fépare.

C'en eft fait; réprimant des tranfports fuperflus,

Puifque vous l'ordonnez, je ne vous verrai plus;

Cependant la Valliere à plaire accoutumée

A befoin, je le fens, d'aimer & d'être aimée.

Dieu feul, Dieu qu'en ce jour je choifis pour époux

Doit regner fur un cœur qui ne vit plus pour vous.

Dans ce tombeau facré, donc l'horreur m'épouvante,

Il faut donc pour jamais m'enfevelir vivante.

Pour jamais enchaînée en ce trifte féjour

Je verrai donc fans vous naître & mourir le jour !

Qu'à regret je fléchis fous le joug qui m'opprime!

Le repentir n'est-il qu'une impuissance au crime?

Eh quoi! toujours promettre & toujours différer!

De ces délais cruels quel bien puis-je espérer?

Et je balance encor, quand peut-être lui-même

Dieu m'a tantôt dicté sa volonté suprême.

Vous le dirai-je, ô Ciel! dans l'horreur de la nuit,

Lasse enfin de chercher un repos qui me fuit,

Errante en ce desert, incertaine, égarée

Pour calmer les tourmens dont je suis déchirée,

Tant le remords affreux trouble un cœur criminel!

Je venois dans ce Temple implorer l'Éternel.

Un jour foible éclairoit ce lieu paisible & sombre.

Je vois ou je crois voir dans l'épaisseur de l'ombre

Des fantômes couverts de funebres lambeaux

Tout-à-coup s'élever du gouffre des tombeaux.

Tremblante, je veux fuir... Une voix qui s'élance

De la profonde nuit interrompt le silence.

A cette horrible vue, à ces tristes accens,

Une morne frayeur glace aussi-tôt mes sens:

Je tombe, & fans fecours, pâle, froide, éperdue,

Sur le marbre long-temps je demeure étendue.

Ces fpectres, cette voix, & je n'en puis douter,

Par un ordre du Ciel m'ordonnoient de quitter

Les charmes menfongers de ce monde profane

Et d'étouffer en moi le penchant qu'il condamne.

Eh bien ! pour plaire à Dieu ; ce fuperbe vainqueur,

Pour ne plus rien aimer, je vais brifer mon cœur ;

Me vaincre. Oui, je le veux... Ou du moins je l'efpere.

Jufte Ciel ! dans l'erreur de mon regne profpere,

Je ne prévoyois pas qu'il me faudroit un jour

Defirer comme un bien de n'avoir plus d'amour.

Hélas ! prête à former ma chaîne douloureufe,

Je tremble, je frémis... Que dis-je, malheureufe?

Ce lieu me doit-il donc infpirer tant d'effroi?

Quand tout ce qui m'eft cher n'exifte plus pour moi;

Quand rien ne peut guérir ma bleffure profonde,

Eh ! quel nœud déformais peut m'attacher au monde?

Allons, parmi fes Saints, Dieu m'appelle...Et j'y cours

Pour me vaincre, grand Dieu, prête-moi ton secours.

Viens d'une heureuse ardeur enflammer mon cou-

    rage.

Hélas! roseau fragile, agité par l'orage,

Je languis, je succombe & je péris sans toi.

Viens mettre une barriere entre Louis & moi.

Éloigne un souvenir que je crains & que j'aime.

En un mot, Dieu puissant, sauve-moi de moi-même;

Triomphe, & pour jamais dans ce cœur combattu

Fais rentrer, s'il se peut, la paix & la vertu.

Soutiens mes pas tremblans, ô mon Dieu, je t'implore.

    Mais quel feu chaste & pur m'embrase & me dévore!

Mes yeux s'ouvrent. Je sens qu'un pouvoir immortel

M'arrache à ma foiblesse & m'entraîne à l'autel.

Pour expier enfin des erreurs si fatales

Je vais ceindre mon front du bandeau des Vestales.

Oui, dans le sein de Dieu je me jette aujourd'hui:

Adieu, Prince; il est temps de n'aimer plus que lui.

Ma raison autrefois d'un vain songe occupée

Des faux plaifirs du monde eft enfin détrompée.

Adieu : que votre fort foit plus doux que le mien !

En renonçant à vous, hélas ! je fens trop bien

Que je n'ai pas long-temps à fouffrir la lumiere.

Puiffiez-vous ne jamais regretter la Valliere !

C'en eft fait : pour toujours je me confacre à Dieu.

Cher Prince, & je vous dis un éternel adieu.

F I N.

www.ingramcontent.com/pod-product-compliance
Lightning Source LLC
Chambersburg PA
CBHW060804180626
46818CB00002B/684